SUSHI

Kult-Häppchen aus Japan

Autor: Hans Gerlach | Fotos: Wolfgang Schardt

DIE GU-QUALITÄTS-GARANTIE

Wir möchten Ihnen mit den Informationen und Anregungen in diesem Buch das Leben erleichtern und Sie inspirieren, Neues auszuprobieren. Bei jedem unserer Bücher achten wir auf Aktualität und stellen höchste Ansprüche an Inhalt, Optik und Ausstattung. Alle Rezepte und Informationen werden von unseren Autoren gewissenhaft erstellt und von unseren Redakteuren sorgfältig ausgewählt und mehrfach geprüft. Deshalb bieten wir Ihnen eine 100 %ige Qualitätsgarantie.

Darauf können Sie sich verlassen:
Wir legen Wert darauf, dass unsere Kochbücher zuverlässig und inspirierend zugleich sind. Wir garantieren:
• dreifach getestete Rezepte
• sicheres Gelingen durch Schritt-für-Schritt-Anleitungen und viele nützliche Tipps
• eine authentische Rezept-Fotografie

Wir möchten für Sie immer besser werden:
Sollten wir mit diesem Buch Ihre Erwartungen nicht erfüllen, lassen Sie es uns bitte wissen! Nehmen Sie einfach Kontakt zu unserem Leserservice auf. Sie erhalten von uns kostenlos einen Ratgeber zum gleichen oder ähnlichen Thema. Die Kontaktdaten unseres Leserservice finden Sie am Ende dieses Buches.

GRÄFE UND UNZER VERLAG
Der erste Ratgeberverlag – seit 1722.

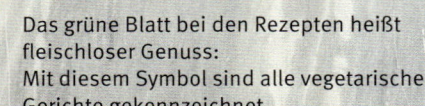

Das grüne Blatt bei den Rezepten heißt fleischloser Genuss:
Mit diesem Symbol sind alle vegetarischen Gerichte gekennzeichnet.

INHALT

TIPPS UND EXTRAS

Umschlagklappe vorne:
    Auf dem Asia-Trip

4 Grundrezept: Sushireis kochen
5 Reiskochen für Profis
6 Grundrezept: Nigiri formen
7 Grundrezept: Hoso-Maki rollen
58 Zutaten von A – Z
64 Pikant Eingelegtes

Umschlagklappe hinten:
    Fischkauf mit gutem Gewissen
    Mehr als Sojasauce

8 GANZ KLASSISCH

10 Veggie-Nigiri
12 Hamachi-Nigiri
13 Nigiri mit Avocado
14 Nigiri mit Garnelen
16 Calamari-Nigiri
17 Nigiri mit marinierter Makrele
18 Tamago-Nigiri
20 Gunkan mit Räucherfisch
21 Gunkan mit Avocado und Kaviar
22 Lachs-Maki
23 Spinat-Maki

24 XL-ROLLEN

26 California Roll
28 Futo-Maki mit Tofu und Melone
30 Ura-Maki mit gegrilltem Karpfen
32 Sprossen-Ura-Maki
32 Gurken-Ura-Maki
33 Ura-Maki mit Entenbrust
33 Ura-Maki mit Tobiko
34 Ura-Maki mit Lachs und Spargel

36 EASY SUSHI

38 Te-Maki California Style
40 Te-Maki mit Tempura-Gemüse
42 Te-Maki mit Tempura-Garnelen
43 Te-Maki mit Knusperhuhn
44 Sardinen-Oshi
46 Teriyaki-Oshi mit Räucherforelle
47 Oshi mit Yakitori-Hühnchen
48 Muschel-Chirashi
49 Großes Veggie-Chirashi

50 FREESTYLE SUSHI

52 Räucherlachs-Te-Mari
54 Teriyaki-Tintenfisch-Sushi
55 Te-Mari mit Miso-Möhren
56 Sushiwürfel

60 Register
62 Impressum

SUSHIREIS KOCHEN

50 ml Reisessig | 25 g Zucker | 7 g Salz
250 g Sushireis (japanischer Rundkornreis)
Für 600 g gekochten Reis | 20 Min. Zubereitung | 30 + 20 + 30 Min. Ruhen | 15 Min. Kochen |
10 Min. Kühlen | Pro Portion ca. 160 kcal, 3 g EW, 0 g F, 37 g KH

1 Für Sushi-Zu (Sushi-Essig) Reisessig, Zucker und Salz in einem kleinen Topf unter Rühren erwärmen, bis sich Zucker und Salz aufgelöst haben. Kühl stellen.

2 Reis mit kaltem Wasser bedecken, kneten. Durch ein Sieb abgießen. So oft Wasser dazugießen, bis es klar ist. Den Reis in Wasser ca. 30 Min. ruhen lassen.

3 Reis in 350 ml Wasser aufkochen. Zugedeckt bei schwacher Hitze ca. 15 Min. köcheln. Dann mit Tuch zwischen Topf und Deckel ca. 20 Min. ruhen lassen.

4 Sushireis in eine große flache Schüssel füllen. Mit einem Spatel auflockern, Sushi-Zu einarbeiten (siehe Tipp). Dabei ständig mit einem Fächer kühlen.

5 Den fertigen Sushireis mit einem feuchten Tuch zudecken und ca. 30 Min. ruhen lassen. Nicht in den Kühlschrank stellen, sonst wird er unangenehm hart.

TIPP

Zum Auflockern den Spatel schräg halten und damit Furchen in den Reis ziehen – so kühlt er auch schneller ab. Dabei nicht rühren, damit die Reiskörner nicht gequetscht werden. Wer keinen Fächer hat, kann auch einen Fön mit Kaltluftstufe verwenden.

REIS KOCHEN FÜR PROFIS

Wer oft asiatisch kocht, für den lohnt sich die An-
schaffung eines Reiskochers. Aber egal, mit wel-
cher Methode man den Reis nun zubereitet: Mit
den folgenden Varianten kommen noch mehr Geschmack und leuchtende Farbe ins Spiel.

REIS KOCHEN IM REISKOCHER
250 g Reis wie im Grundrezept links angegeben
gründlich waschen und quellen lassen. Dann mit
250 ml frischem Wasser in den Reiskocher geben
und ca. 20 Min. garen. Anschließend auf der Warm-
haltestufe ca. 20 Min. ruhen lassen. Fertig!

VOLLKORN-SUSHIREIS
Für 600 g fertigen Sushireis 250 g japanischen
Vollkorn- bzw. Naturreis (Genmai) wie links angegeben waschen, dann mit 350 ml Wasser in den
Topf geben und 1 Std. quellen lassen. Einmal aufkochen und ca. 40 Min. zugedeckt köcheln lassen.
Den Topf vom Herd nehmen, den Reis wie links
beschrieben mit 50 ml Sushi-Zu beträufeln und
ca. 20 Min. ruhen lassen. Vollkorn-Sushireis kann
wie weißer Sushireis verwendet werden, klebt aber
weniger stark. Reisbällchen für Nigiri-Sushi muss
man deshalb etwas fester zusammendrücken. Vollkorn-Sushireis schmeckt besonders nussig.

GEWÜRZTER SUSHIREIS
Sushireis kann man bereits beim Kochen raffiniert
aromatisieren: Dafür ein ca. 5 × 10 cm großes Stück
Kombu-Alge mit einem angefeuchteten Küchenpapier abwischen und mit dem Reis mitkochen, da-
nach entfernen. Für ein feines Mirin-Aroma einfach
2 EL Kochwasser (oder etwas mehr) durch Mirin
(siehe S. 58) ersetzen.

POPPIG BUNT
Für gelben Safran-Sushireis 0,1 g Safranfäden
(1 Döschen) in 2 EL Mirin mindestens 2 Std. einweichen. 2 EL Kochwasser durch den Safran-Mirin
ersetzen. Für einen zart aromatisierten rosa Reis
etwa 15 g Rote Bete schälen, fein reiben (das geht
am besten auf einer Ingwerreibe) und mit dem
Sushi-Essig unter den gegarten Reis mischen.

TIPP
Als Faustregel für die Menge gilt: Aus 100 g ro-
hem Reis werden ca. 240 g gekochter Reis.
Oder anders gesagt: Für 100 g gekochten Reis
müssen Sie ca. 40 g rohen Reis einplanen.

NIGIRI FORMEN

400 g Fischfilet | 250 g gekochter Sushireis (siehe S. 4) | 1–2 TL Wasabipaste
Essigwasser (Fingerschälchen kaltes Wasser mit 1 Spritzer Reisessig) | Sojasauce zum Servieren
Für 12 Stück | 15 Min. Zubereitung | Pro Stück ca. 60 kcal, 7 g EW, 0 g F, 8 g KH

1 Fisch in einen 5–6 cm breiten und ca. 2 cm hohen Streifen schneiden. Messer ca. 4 cm vom Ende entfernt ansetzen, das Eck schräg nach unten abschneiden.

2 Vom Streifen 6–8 mm dicke, gleichmäßige Scheiben abschneiden. Dabei mit dem Messer (öfter abwischen!) nicht drücken, sondern schneiden.

3 Die Hände mit kaltem Essigwasser befeuchten, überschüssiges Wasser abschütteln. Mit den Fingern ca. 20 g Reis zu einem länglichen Bällchen formen.

4 Eine Fischscheibe in die linke Hand legen, etwas Wasabi darauf verstreichen. Reisbällchen auf den Fisch legen und von oben leicht andrücken.

5 Sushi in der Hand umdrehen und die Längsseiten und das freie Ende leicht andrücken. Mit dem Zeigefinger kurz über den Fisch streichen, damit er glänzt.

6 Sushi mit der Fischseite vorsichtig in Sojasauce dippen. Mit ein oder zwei Bissen essen. Nach dem Sushi ein Stück Gari (eingelegter Ingwer) genießen.

HOSO-MAKI ROLLEN

4 Noriblätter | 600 g gekochter Sushireis (siehe S. 4) | 2 TL Wasabipaste | 500 g Fischfilet (fein gewürfelt) | 40 Schnittlauchhalme (gewaschen und trocken getupft)
Sushimatte | Essigwasser (Fingerschälchen kaltes Wasser mit 1 Spritzer Reisessig)
Für 32 Stück | 15 Min. Zubereitung | Pro Stück ca. 45 kcal, 3 g EW, 0 g F, 7 g KH

1 Die Sushimatte auf die Arbeitsfläche legen. 1 Noriblatt mit der glatten Seite nach unten längs auf das untere Ende der Sushimatte legen.

2 Die Hände mit Essigwasser befeuchten. Ca. 150 g Reis auf dem Noriblatt verteilen, dabei an der hinteren Seite einen 2 cm breiten Rand frei lassen.

3 In der Mitte der Reisfläche ½ TL Wasabipaste längs verstreichen. 125 g Fisch längs in einer Linie darauf anordnen, 10 Schnittlauchhalme danebenlegen.

4 Die Sushimatte am unteren Ende anheben und damit Reis und Füllung einrollen. Darauf achten, dass die Füllung in der Mitte der Rolle bleibt.

5 Um die Sushirolle rund zu formen, einen Teil der Matte darüber legen und die Rolle mit den Händen behutsam aber dennoch fest zusammendrücken.

6 Mit der Naht nach unten auf ein Brett legen und mit einem sehr scharfen, feuchten Messer in acht Stücke schneiden. Drei weitere Hoso-Maki zubereiten.

GANZ KLASSISCH

Mal handgeformt, mal in Noriblätter gerollt – diese Sorten sind die absoluten
Lieblinge in jeder Sushi-Bar! Zu Recht, denn aus wenigen Zutaten entstehen
hier wahre Hingucker, die die perfekte Grundlage für jedes Sushimenü sind.
»Itadakimasu – guten Appetit!«

VEGGIE-NIGIRI

Superlecker und supergesund – von allen Sushireis-Varianten ist die mit Roter Bete vielleicht die schönste! Zum Dippen passt die Pon-Zu-Sauce perfekt.

1 Rote Bete (ca. 200 g)
250 g gekochter Sushireis
(siehe S. 4)
Salz
1 TL Sojasauce
2–3 Möhren
1 TL milde Misopaste
(siehe S. 58)
1 EL Reisessig
1 EL Mirin (siehe S. 58)
1 Noriblatt
2 EL geröstete
gesalzene Erdnüsse
1–2 TL Wasabipaste
Außerdem:
evtl. Einmalhandschuhe
kaltes Essigwasser
Gari (siehe S. 58)
Wasabipaste
Sojasauce oder Pon-Zu-Sauce
(siehe Klappe hinten)

Hingucker in Knallfarbe 🌿

Für 12 Stück |
15 Min. Zubereitung |
30 Min. Ruhen
Pro Stück ca. 70 kcal, 2 g EW,
2 g F, 11 g KH

1 Die Rote Bete (evtl. mit Eimalhandschuhen) schälen und auf einer feinen Reibe ringsum so abreiben, dass man 2–3 EL feine Raspel erhält und ein quadratisches Stück Rote Bete übrig ist. Die Raspel vorsichtig unter den Sushireis arbeiten. Die übrige Rote Bete mit einem Gemüsehobel in lange, hauchdünne Scheiben schneiden. Die Scheiben in ca. 2 cm breite Streifen schneiden und in Salzwasser ca. 2 Min. kochen. Abgießen, abschrecken und mit der Sojasauce mischen.

2 Die Möhren putzen, schälen, längs in hauchdünne Scheiben schneiden und in Salzwasser ca. 2 Min. kochen. In ein Sieb abgießen und kalt abschrecken. Miso, Reisessig und Mirin mischen und die Möhrenstreifen unterrühren. Rote Bete und Möhren mind. 30 Min. marinieren lassen.

3 Das Noriblatt mit einer Schere in zwölf gleich große Streifen von je ca. 1 ½ cm × 12 cm schneiden. Die Erdnüsse mit einem Messer sehr fein hacken.

4 Ein Fingerschälchen kaltes Wasser mit 1 Spritzer Reisessig mischen, die Hände darin befeuchten, abschütteln. Aus dem Reis zwölf längliche Nigiri formen (siehe S. 6). Je eine erbsengroße Menge Wasabi auf jedem Bällchen verstreichen. Reisbällchen abwechselnd mit Gemüsestreifen belegen, dabei lange Streifen falten, sodass ein schönes Päckchen entsteht. Noristreifen um Reis und Gemüse wickeln, an der Naht mit angefeuchteten Fingern leicht andrücken und kurz festhalten, bis er klebt. Mit Erdnüssen bestreuen und mit Wasabi, Gari und Sojasauce oder Pon-Zu-Sauce servieren.

HAMACHI-NIGIRI

400 – 450 g Fischfilet (z. B. Hamachi = Gelb-
schwanzmakrele oder Kingfish; alternativ Saib-
ling oder Lachs) | 250 g gekochter Sushireis
(siehe S. 4) | 2 – 3 TL Wasabipaste | Sojasauce |
2 EL Gari (siehe S. 58) | kaltes Essigwasser

Für Puristen

Für 12 Stück | 15 Min. Zubereitung
Pro Stück ca. 115 kcal, 8 g EW, 5 g F, 8 g KH

1 Das Fischfilet mit Hilfe eines sehr scharfen Mes-
sers zu einem 7 – 8 cm breiten, möglichst hohen
Streifen schneiden. Am dickeren Ende des Filets
ca. 4 cm vom Ende entfernt ein langes scharfes
Messer ansetzen. Schräg nach unten zur vorderen
Ecke auf der flacheren Filetseite schneiden. Den
Anschnitt anderweitig verwenden. Das Fischfilet
anschließend in zwölf gleichmäßige Scheiben
(6 – 8 mm dick) schneiden.

2 Ein Fingerschälchen kaltes Wasser mit 1 Sprit-
zer Reisessig mischen, die Hände darin befeuch-
ten, abschütteln. Aus dem Reis zwölf längliche
Nigiri formen (siehe S. 6). Dafür den Reis in zwölf
Portionen teilen. Aus jeder Portion ein längliches
Reisbällchen formen, eine Fischscheibe in die an-
dere Handfläche legen, eine erbsengroße Menge
Wasabi mit dem Finger darauf verstreichen. Den
Fisch auf das Reisbällchen legen und vorsichtig
andrücken. Weitere elf Nigiri formen.

3 Die Sojasauce in ein Schälchen geben und zu
den Nigiri stellen. Etwas Gari neben der Sojasauce
auftürmen. Etwas Wasabipaste zu einem Würfel
formen und auf die Sushiplatte geben. Die Nigiri
daneben anrichten.

NIGIRI MIT AVOCADO

1 Avocado | 1 Portion Pon-Zu-Sauce (siehe Klappe hinten) | 1 Noriblatt | 250 g gekochter Sushireis (siehe S. 4) | 1–2 TL Wasabipaste | Shishimi Togarashi (siehe S. 59) | kaltes Essigwasser

Veggie-Klassiker

Für 12 Stück | 15 Min. Zubereitung
Pro Stück ca. 85 kcal, 1 g EW, 5 g F, 9 g KH

1 Die Avocado halbieren und den Kern entfernen. Die Avocado schälen, das Fruchtfleisch in 24 Scheiben schneiden. Die Avocadoscheiben mit etwas Pon-Zu-Sauce bepinseln, die übrige Sauce in ein Dipschälchen geben.

2 Das Noriblatt mit einer Schere in zwölf gleich große Streifen von je ca. 1 ½ cm × 12 cm schneiden. Ein Fingerschälchen kaltes Wasser mit 1 Spritzer Reisessig mischen, die Hände darin befeuchten, abschütteln. Aus dem Reis zwölf längliche Nigiri formen (siehe S. 6).

3 Je eine erbsengroße Menge Wasabi auf jedem Reisbällchen verstreichen. Je 2 Avocadoscheiben darauflegen, mit 1 Prise Shishimi Togarashi würzen. Den Noristreifen um Reis und Avocado wickeln, an der Naht leicht andrücken und kurz festhalten. Nach wenigen Sekunden haftet der Noristreifen von selbst. Falls nicht: mit einem Reiskorn festkleben. Die Pon-Zu-Sauce in Dipschälchen mit den Avocado-Nigiri anrichten.

NIGIRI MIT GARNELEN

Am saftigsten sind die Garnelen natürlich frisch gekocht. Für ganz Eilige: Bereits gegarte Garnelen gibt es unter dem Namen Sushigarnelen schon fertig zu kaufen.

Salz
12 rohe Riesengarnelen mit Schale ohne Kopf (je ca. 20 g)
250 g gekochter Sushireis (siehe S. 4)
1 – 2 TL Wasabipaste
Außerdem:
12 Holzspieße
kaltes Essigwasser

Schnell und fein

Für 12 Stück |
15 Min. Zubereitung
Pro Stück ca. 55 kcal, 4 g EW, 0 g F, 8 g KH

1 Wasser in einem Topf aufkochen und kräftig salzen. Die Riesengarnelen abbrausen und abtropfen lassen. Auf der Bauchseite je einen Holzspieß dicht unter der Schale vorne einstechen und bis zur Schwanzspitze durchschieben, möglichst ohne das Fleisch dabei zu verletzen. So bleiben die Riesengarnelen beim Kochen gerade und lassen sich gut auf die Reisbällchen legen. Die Garnelen bei schwacher Hitze in ca. 2 Min. glasig kochen.

2 Die Riesengarnelen mit einem Schaumlöffel herausnehmen und kalt abschrecken. Die Holzspieße vorsichtig aus den Garnelen drehen. Die Schalen vom Bauch beginnend zu den Seiten aufbrechen und abziehen, dabei aber das letzte Segment mit der Schwanzspitze dranlassen, das sieht dekorativ aus.

3 Die Garnelen auf den Rücken legen und festhalten. Mit einem langen Schnitt jeweils von der Schwanzspitze bis zum dicken Ende so tief einschneiden, dass man dunkle Darmreste mit einem spitzen Messer herausholen kann, aber der Rücken unverletzt bleibt. Die Garnelen ganz aufklappen, falls nötig, kurz im Kochwasser schwenken, um Schmutz zu entfernen. Garnelen abtropfen und auf Zimmertemperatur abkühlen lassen.

4 Ein Fingerschälchen kaltes Wasser mit 1 Spritzer Reisessig mischen, die Hände darin befeuchten, abschütteln. Aus dem Sushireis zwölf längliche Nigiri formen (siehe S. 6). Jeweils eine erbsengroße Menge Wasabi auf jedes Reisbällchen setzen und mit den Fingern verstreichen. Auf jedes Reisbällchen 1 Riesengarnele legen und leicht andrücken. Die Nigiri sofort servieren.

CALAMARI-NIGIRI

6 küchenfertige Kalmare oder Sepien (je
50 – 60 g); oder 1 Kalmar (300 – 400 g) | Salz |
250 g gekochter Sushireis (siehe S. 4) |
1– 2 TL Wasabipaste | 1 Frühlingszwiebel |
1 TL Gomasio (siehe S. 58) | 1 Limette | kaltes
Essigwasser

Für Messerkünstler

Für 12 Stück | 20 Min. Zubereitung
Pro Stück ca. 70 kcal, 7 g EW, 1 g F, 8 g KH

1 Die Tintenfische abbrausen und abtropfen lassen. Die Tentakel abschneiden und die Tuben längs
aufschneiden, sodass man ein flaches Stück Tintenfisch erhält. Dieses in ca. 3 cm breite und
7 cm lange Stücke schneiden. Die Stücke mit der
Außenseite nach oben legen und mit dem Messer
dicht nebeneinander diagonal längs einritzen, aber
nicht durchschneiden. Dann quer einritzen.

2 Die Tintenfischstücke in reichlich Salzwasser
ca. 5 Sek. kochen, mit dem Schaumlöffel herausheben, abtropfen und auf Zimmertemperatur abkühlen lassen. In einem Schälchen kaltes Wasser
mit 1 Spritzer Reisessig mischen, die Hände darin
befeuchten, Überschuss abschütteln. Aus dem
Reis zwölf längliche Nigiri formen (siehe S. 6). Eine
erbsengroße Menge Wasabi auf jedem Stück Tintenfisch verstreichen und den Tintenfisch mit der
bestrichenen Seite nach unten auf ein Reisbällchen legen. Leicht andrücken.

3 Die Frühlingszwiebel putzen, waschen, längs in
Streifen schneiden und diese sehr fein hacken. Mit
dem Gomasio mischen und die Nigiri damit bestreuen. Die Limette in dünne Scheiben schneiden
und zu den Calamari-Nigiri servieren.

NIGIRI MIT MARINIERTER MAKRELE

400 g Makrelenfilet (küchenfertig, mit Haut, ohne Gräten) | 2 EL Salz | 5 EL Reisessig | 1 Stück frischer Ingwer (4 – 5 cm) | 250 g gekochter Sushireis (siehe S. 4) | ¼ Schachtel Shisokresse (siehe S. 59) | Sojasauce zum Servieren | kaltes Essigwasser

Dauert etwas länger

Für 16 Stück |
20 Min. Zubereitung | 12 + 6 Std. Marinieren
Pro Stück ca. 95 kcal, 7 g EW, 4 g F, 8 g KH

1 Filets abbrausen und trocken tupfen, Bauchlappen abschneiden. Filets mit dem Salz in einer Schale mischen. Zugedeckt ca. 12 Std. im Kühlschrank marinieren lassen. Salz abwaschen, Filets mit 2 EL Reisessig beträufeln. Küchenpapier mit übrigem Essig befeuchten, Filets darin einwickeln und ca. 6 Std. im Kühlschrank marinieren lassen.

2 Eventuell vorhandene Quergräten mit einer Pinzette herausziehen. Mit dem Messer je ein kleines Stück Haut an der Schwanzseite der Filets ablösen, anheben und abziehen, dabei die Hand dicht über den Fisch führen. Die Filets schräg in zwölf Scheiben schneiden.

3 Den Ingwer schälen und fein reiben. Etwas Wasser mit 1 Spritzer Reisessig mischen, die Hände darin befeuchten, abschütteln. Aus dem Reis zwölf längliche Nigiri formen (siehe S. 6). Eine erbsengroße Menge Ingwer auf der Unterseite jedes Fischstückes verstreichen und die Stücke mit der nicht bestrichenen Hautseite (man soll die Zeichnung der Haut sehen) nach oben auf die Reisbällchen legen, leicht andrücken. Die Nigiri mit der Shisokresse garnieren und mit Sojasauce und dem übrigen geriebenen Ingwer anrichten.

TAMAGO-NIGIRI

In Japan benutzt man gerne eine kleine eckige Pfanne – so wird das
Omelett besonders ordentlich. Eine kleine runde Pfanne tut's aber auch!

6 Eier
2 EL Mirin (siehe S. 59)
1 EL Sojasauce
1 TL Speisestärke
Salz
2 EL Sonnenblumenöl
1 Noriblatt
250 g gekochter Sushireis
(siehe S. 4)
Außerdem:
rechteckige japanische Omelettpfanne
Sushimatte
kaltes Essigwasser

Überraschend anders 🌿

Für 12 Stück |
30 Min. Zubereitung
Pro Stück ca. 100 kcal, 4 g EW,
5 g F, 10 g KH

1 Die Eier aufschlagen. Mirin, Sojasauce und Stärke verquirlen, leicht salzen, unter die Eier rühren. Die Omelettpfanne erhitzen, mit etwas Öl einpinseln und ein Viertel der Eiermischung in der Pfanne dünn verlaufen lassen – so wie einen Crêpeteig (Bild 1). Den Teig bei schwacher Hitze in ca. 2 Min. stocken lassen, bis die Oberfläche gerade nicht mehr feucht glänzt.

2 Mit einem Pfannenwender oder mit Stäbchen das untere Drittel des Omeletts in die Mitte klappen, dann die entstandene Lage nochmals nach oben klappen. Das Omelett anheben, die Pfanne leicht einölen. Wieder ein Viertel der Eiermischung dazugeben, sodass das flüssige Ei unter das Omelett läuft. Wieder ca. 2 Min. stocken lassen, und wie beschrieben zusammenfalten.

3 Diesen Vorgang noch zweimal wiederholen, bis die Eier verbraucht sind und ein dicker Omelett-Ziegel entstanden ist (Bild 2). Diesen auf eine Sushimatte stürzen, mithilfe der Matte etwas zusammendrücken und dann abkühlen lassen.

4 Zum Fertigstellen das Noriblatt mit einer Schere in zwölf Streifen (je ca. 1 ½ cm × 12 cm) schneiden. Das Omelett quer in zwölf Scheiben schneiden (Bild 3). Ein Fingerschälchen kaltes Wasser mit 1 Spritzer Reisessig mischen, die Hände darin befeuchten, abschütteln. Aus dem Reis zwölf längliche Nigiri formen (siehe S. 6) und mit Omelettstreifen belegen. Noristreifen um Reis und Omelett wickeln, an der Naht leicht andrücken, kurz festhalten. Nach wenigen Sekunden sollte der Noristreifen von selbst haften. Die Nigiri auf eine Platte setzen und servieren.

GUNKAN MIT RÄUCHERFISCH

50 g Rote Bete | evtl. Einmalhandschuhe | 400 g gekochter Sushireis (siehe S. 4) | 2 Gewürzgurken | 1 Stück frischer Meerrettich (ca. 6 cm; ersatzweise 4 EL Meerrettich aus dem Glas) | 3 EL Crème fraîche | 2 EL Mayonnaise | 250 g Räucherfischfilet (z. B. Karpfen oder Forelle) | 2 Noriblätter | ½ Schachtel Shisokresse (siehe S. 59) | kaltes Essigwasser

Mit Rauch-Aroma

Für 20 Stück | 20 Min. Zubereitung
Pro Stück ca. 70 kcal, 3 g EW, 3 g F, 8 g KH

1 Die Rote Bete (evtl. mit Einmalhandschuhen) schälen und fein reiben, auf dem Sushireis verteilen und mit einem flachen, breiten Sushispatel vorsichtig unterarbeiten. Die Gewürzgurken klein würfeln. Den Meerrettich schälen, etwa die Hälfte fein reiben und mit Crème fraîche und Mayonnaise ver-

rühren. Das Räucherfischfilet klein würfeln, mit der Gewürzgurke unter die Meerrettichcreme mischen, dabei ein paar schöne Fisch- und Gurkenwürfel zum Garnieren beiseitelegen.

2 Die Noriblätter in 20 Streifen (2 ½ cm breit und 14 cm lang) schneiden. Aus dem Reis 20 längliche Nigiri formen (siehe S. 6). Die Reisbällchen flach drücken, sodass sie ca. 2 cm hoch sind. Der Rand sollte möglichst gerade sein. Je 1 Streifen Nori rings um jeden Reisblock legen und das Ende mit einem zerdrückten Reiskorn festkleben.

3 Die Räucherfisch-Meerrettich-Creme darauf verteilen. Die Gunkan mit den übrigen Fisch- und Gurkenwürfeln garnieren und den übrigen Meerrettich darüberreiben. Die Kresse abschneiden und auf den Gunkan verteilen. Nach Belieben etwas Sojasauce mit Meerrettich dazu reichen.

GUNKAN MIT AVOCADO UND KAVIAR

1 reife Avocado | 1 Passionsfrucht | Shishimi Togarashi (siehe S. 59) | 1 EL Rapsöl | 3 EL Panko (siehe S. 58); ersatzweise grobe Semmelbrösel | 2 Noriblätter | 400 g gekochter Sushireis (siehe S. 4) | ca. 50 g Forellen- oder Lachskaviar (nach Belieben) | kaltes Essigwasser

Mit Knuspereffekt

Für 20 Stück | 20 Min. Zubereitung
Pro Stück ca. 70 kcal, 2 g EW, 3 g F, 8 g KH

1 Die Avocado halbieren, den Kern entfernen und die Schale abziehen. Das Fruchtfleisch sehr klein hacken. Die Passionsfrucht halbieren, das Fruchtfleisch herauslöffeln und mit der Avocado mischen, mit 1 Prise Shishimi Togarashi würzen. Das Öl in einer Pfanne erhitzen und das Panko oder die Semmelbrösel darin unter ständigem Rühren goldbraun rösten. Auf einem Teller abkühlen lassen.

2 Die Noriblätter in 20 Streifen (2 ½ cm breit und 14 cm lang) schneiden. Aus dem Reis 20 längliche Nigiri formen (siehe S. 6). Die Bällchen flach drücken (ca. 2 cm hoch). Je 1 Streifen Nori rings um jeden Reisblock legen und das Ende mit einem zerdrückten Reiskorn fixieren. Den Avocado-Tartar auf den Gunkan verteilen. Die Gunkan dann mit geröstetem Panko oder Semmelbröseln bestreuen und nach Belieben mit dem Kaviar garnieren.

TIPP

Passionsfrüchte finde ich immer gut für unerwartete Geschmackserlebnisse. Wenn Sie keine reife Avocado bekommen, können Sie sie durch ca. 150 g gegarten Brokkoli ersetzen.

LACHS-MAKI

200 g Lachsfilet | 2 Noriblätter | 300 g gekoch-
ter Sushireis (siehe S. 4) | 1–2 TL Wasabipaste |
kaltes Essigwasser | Sushimatte

Schlicht und elegant

Für 24 Stück | 15 Min. Zubereitung
Pro Stück ca. 40 kcal, 2 g EW, 1 g F, 5 g KH

1 Das Fischfilet in 4 knapp 20 cm lange und
1 cm dicke Streifen schneiden. Die Noriblätter mit
der Schere längs halbieren. Die Hände mit Essigwasser befeuchten, den Überschuss abschütteln.

2 Ein halbes Noriblatt mit der Längsseite nach
unten auf die Sushimatte legen. 75 g Sushireis mit
angefeuchteten Händen darauf verteilen, dabei an
einer Längsseite einen ca. 1 ½ cm breiten Rand frei
lassen. Den Reis daneben etwas höher schichten
als auf dem Rest des Noriblattes. Im unteren Drittel der Reisfläche ½ TL Wasabipaste in einem
Streifen von rechts nach links verstreichen. Mit
einem Fischfiletstreifen belegen.

3 Das Noriblatt mit dem Reis und dem Fisch mithilfe der Sushimatte vom Körper weg ein Stück einrollen. Dabei die Rolle mit der Matte etwas fest ziehen, dann ganz aufrollen. Die Rolle mit der Naht
nach unten auf ein Brett legen und mit einem
scharfen Messer in sechs Stücke schneiden. Nach
jedem Schnitt die Klinge feucht abwischen. Drei
weitere Rollen ebenso formen und schneiden.

TIPP

Diese Maki dürfen bei mir auf keiner Sushi-
Party fehlen. Sie schmecken jedem und sind
ruck, zuck zubereitet. Oder auch einfach mal
die doppelte Menge machen und dafür mehrere
Dips und eingelegtes Gemüse dazu reichen!

SPINAT-MAKI

ca. 300 g TK-Blattspinat | 2 EL Sesamsamen |
3 EL milde Misopaste (siehe S. 58) | 2 Noriblät-
ter | 300 g gekochter Safran-Sushireis (siehe
S. 5) oder Sushireis | 1–2 TL Wasabipaste |
Sushimatte | kaltes Essigwasser

Grün und gut

Für 24 Stück | 30 Min. Zubereitung
Pro Stück ca. 30 kcal, 1 g EW, 0 g F, 5 g KH

1 Den Spinat nach Packungsanweisung kochen.
Anschließend in ein Sieb abgießen, gut ausdrücken, dann grob hacken. Sesam in einer Pfanne
ohne Fett anrösten. Mit Miso unter den Spinat mischen. Eine Sushimatte mit Folie überziehen, ein
Viertel vom Spinat darauf zu einer Linie legen und
mit der Matte zu einer festen Rolle formen. Auf die
gleiche Weise noch drei Spinatrollen formen. Die
Matte mit Küchenpapier trocken wischen.

2 Die Noriblätter mit der Schere längs halbieren
und ein halbes Noriblatt mit der Längsseite nach
unten auf die Sushimatte legen. 75 g Sushireis darauf verteilen, an einer Längsseite einen ca. 1½ cm
breiten Rand frei lassen und den Reis daneben
etwas höher schichten als auf dem Rest des Noriblatts. Im unteren Drittel der Reisfläche ½ TL
Wasabipaste in einem Streifen von rechts nach
links verstreichen, mit einer Spinatrolle belegen.

3 Das Noriblatt mit Reis und Spinat mithilfe der
Sushimatte vom Körper weg ein Stück einrollen.
Die Sushirolle mit der Matte etwas fest ziehen,
dann ganz aufrollen. Die Rolle mit der Naht nach
unten auf ein Brett legen. Mit einem scharfen Messer in sechs Stücke schneiden. Nach jedem Schnitt
die Klinge feucht abwischen. Drei weitere Rollen
auf die gleiche Weise formen und schneiden.

XL-ROLLEN

Hier wird im wahrsten Sinne des Wortes dick aufgetragen! Extra umfangreich und super saftig – diese Rollen sind genau richtig für alle, die gerne besonders viel Füllung mögen. Während bei Futo-Maki der Reis im Noriblatt verborgen ist, lautet das Motto bei Ura-Maki: inside out!

CALIFORNIA ROLL

Typisch für viele moderne Sushi-Kreationen: ein Tupfen Mayonnaise. Diese supersaftigen Rollen schmecken garantiert auch Sushi-Einsteigern.

1 reife Avocado
1 Stück Salatgurke (ca. 10 cm)
12 – 16 gegarte geschälte Garnelen (je 10 – 12 g)
4 Noriblätter
500 g gekochter Sushireis
(siehe S. 4)
4 EL Mayonnaise
1 TL Chilipaste oder -sauce
4 EL Tobiko-Kaviar (siehe
S. 59), ersatzweise Masago-
oder Lachskaviar
2 EL schwarzer und weißer
Sesam gemischt
Außerdem:
Sushimatte
kaltes Essigwasser

Fusion Food vom Feinsten

Für 32 Stück |
20 Min. Zubereitung
Pro Stück ca. 65 kcal, 2 g EW,
3 g F, 6 g KH

1 Die Avocado halbieren und den Kern entfernen. Die Schalen abziehen und das Fruchtfleisch schräg in Scheiben schneiden. Die Gurke schälen, der Länge nach halbieren und die Kerne entfernen. Die Gurkenhälften quer halbieren, dann längs in 2–3 mm dicke Scheiben schneiden. Die Garnelen abbrausen und trocken tupfen. Falls vorhanden, die Schwanzsegmente abziehen.

2 Die Sushimatte mit Frischhaltefolie umwickeln oder in einen passenden Frischhaltebeutel stecken. 1 Noriblatt quer daraufle-gen, 125 g Reis auf dem ganzen Blatt bis zum Rand verteilen. Das Noriblatt mit einer Hand anheben und dann die eingewickelte Sushimatte mit etwas Essigwasser befeuchten.

3 Das Noriblatt mit der Reisseite nach unten auf die Matte legen. Mayonnaise und Chilipaste oder -sauce verrühren und einen Streifen davon im unteren Drittel des Noriblattes aufstreichen. 1 EL Kaviar mit einem Löffelrücken darauf verteilen. Dann ein Vier-tel der Gurkenstreifen, 3 – 4 Garnelen und ein Viertel der Avoca-doscheiben entlang des Kaviarstreifens anordnen. Mithilfe der Sushimatte aufrollen, Sushirolle mit der Matte etwas fest ziehen. Die Sushimatte entfernen. Aus den restlichen Zutaten auf die gleiche Weise drei weitere California Rolls formen.

4 Die Rollen in der Sesammischung wälzen, mit der Naht nach unten auf ein Brett legen und mit einem sehr scharfen feuchten Messer in je acht Stücke schneiden. Die Klinge nach jedem Schnitt mit einem feuchten Lappen abwischen.

FUTO-MAKI MIT TOFU UND MELONE

Tofu kann so lecker sein! Am besten schmecken mir die japanischen Sorten, denn sie haben eine besonders zarte Konsistenz und sind nicht so krümelig.

400 g Tofu
300 g Netzmelone
4 zarte Stangen Staudensellerie
4 Stiele Shisoblätter (siehe S. 59), ersatzweise Thaibasilikum
ca. 50 g Speisestärke
1 EL Kurkumapulver
5 EL Rapsöl
4 EL Teriyakisauce, fertig gekauft oder selbst gemacht (siehe S. 54)
500 g gekochter Vollkorn-Sushireis (siehe S. 5) oder Sushireis
4 Noriblätter
2 TL Wasabipaste
2 EL schwarzer und weißer Sesam gemischt
Außerdem:
kaltes Essigwasser
Sushimatte

Mit Vollkorn-Power

Für 32 Stück | 40 Min. Zubereitung | 24 Std. Ruhen
Pro Stück ca. 70 kcal, 2 g EW, 2 g F, 11 g KH

1 Den Tofu quer in 16 Streifen schneiden. Die Melone schälen und die Kerne entfernen. Das Fruchtfleisch in ca. ½ cm dünne Streifen schneiden. Wenn die Melone schon sehr reif ist, in etwas dickere Streifen schneiden. Den Staudensellerie putzen, waschen und längs in ca. 3 mm dünne Streifen schneiden (Bild 1). Die Shisoblätter waschen und trocken tupfen.

2 Speisestärke und Kurkuma in einer Schale mischen. Den Tofu erst mit Küchenpapier trocken tupfen und dann vorsichtig in der Mischung wenden (Bild 2). Das Öl in einer beschichteten Pfanne erhitzen und den Tofu darin bei starker Hitze auf allen Seiten ca. 4 Min. braten. Mit der Teriyakisauce ablöschen, dann auf einen Teller gleiten und abkühlen lassen.

3 Die Hände mit etwas Essigwasser befeuchten, überschüssiges Wasser abschütteln. 125 g Sushireis auf 1 Noriblatt verteilen, dabei an einer Längsseite einen ca. 2 cm breiten Rand frei lassen. Den Reis daneben etwas höher schichten als auf dem Rest des Blattes. ½ TL Wasabi in einem Streifen von rechts nach links verstreichen. Den Reis mit dem Sesam bestreuen. Mit je einem Viertel der Shisoblätter belegen. Je ein Viertel von Tofu und Melone in einem Streifen von rechts nach links darauf verteilen (Bild 3).

4 Reis und Füllung mithilfe der Sushimatte vom Körper weg ein Stück einrollen. Die Sushirolle mit der Matte etwas fest ziehen, dann ganz einrollen. Die Matte entfernen und die Rolle in acht gleich große Stücke schneiden. Noch drei Futo-Maki ebenso formen und in je acht Stücke schneiden.

URA-MAKI MIT GEGRILLTEM KARPFEN

Für besonders liebe Gäste mache ich gerne diese Sushi mit Karpfen. Die etwas aufwendigere Zubereitung lohnt sich, denn der Geschmack ist unvergleichlich gut.

500 g Karpfenfilet ohne Haut
(ersatzweise Lachs oder
anderes festes Fischfilet)
2 EL Sake
2 EL Mirin
3 EL Zucker
60 g milde Misopaste (siehe
S. 58)
12 – 16 getrocknete
Shiitakepilze
3 EL Sojasauce
125 g gekochter Blattspinat
(frisch oder TK, aufgetaut)
½ japanisches Omelett nach
Belieben (siehe S. 18)
4 Noriblätter
500 g gekochter Sushireis
(siehe S. 4)
4 EL schwarzer und weißer
Sesam gemischt
Außerdem:
Sushimatte
kaltes Essigwasser

Für Feinschmecker

Für 32 Stück | 40 Min. Zubereitung | 24 Std. Marinieren
Pro Stück ca. 75 kcal, 5 g EW,
2 g F, 10 g KH

1 Das Karpfenfilet mit der Hautseite (man sieht, wo die Haut war) auf die Arbeitsfläche legen. Dann längs im Abstand von 2 – 3 mm tief einritzen, aber nicht durchschneiden. Dabei werden die Gräten so klein geschnitten, dass man sie mitessen kann.

2 Sake, Mirin und 2 EL Zucker aufkochen, sofort vom Herd nehmen. Miso unterrühren. Die Hälfte der Marinade mit dem Fisch mischen, den Rest als Dip beiseitestellen. Den Fisch zugedeckt ca. 24 Std. im Kühlschrank marinieren lassen. Die Shiitakepilze mit Wasser bedecken und ca. 24 Std. einweichen.

3 Die Pilze herausnehmen und mit der Sojasauce und dem übrigen Zucker in einen Topf geben. Das Einweichwasser durch ein feines Sieb dazugießen und die Pilze darin bei schwacher Hitze ca. 30 Min. köcheln. Abkühlen lassen, die Stiele wegschneiden und die Hüte in Scheiben schneiden.

4 Marinade vom Fisch abstreifen. Fisch auf einem mit geölter Alufolie belegten Blech unter dem Backofengrill bei starker Hitze 3 – 4 Min. grillen. Herausnehmen, in 2 cm breite Streifen schneiden, evtl. spürbare Gräten entfernen. Spinat gut ausdrücken und grob hacken. Das halbe Omelett längs in acht Streifen schneiden.

5 Sushimatte mit Frischhaltefolie umwickeln. 1 Noriblatt quer darauflegen, 125 g Reis mit feuchten Händen darauf bis zum Rand verteilen. Mit Sesam bestreuen. Das Noriblatt mit der Sesamseite nach unten auf die Matte legen und im unteren Drittel je ein Viertel von Karpfen, Pilzen, Spinat und Omelett anordnen. Mithilfe der Sushimatte aufrollen, fest ziehen. Drei weitere Rollen formen, in je acht Stücke schneiden und mit dem Dip servieren.

SPROSSEN-URA-MAKI

125 g Muskatkürbis | Salz | 1 reife Avocado |
Shishimi Togarashi (siehe S. 59) | 4 halbe Nori-
blätter | 300 g gekochter Sushireis (siehe S. 4) |
4 EL Wasabisprossen oder Rettichsprossen |
Sushimatte | kaltes Essigwasser

Verschärfter Genuss

Für 24 Stück | 15 Min. Zubereitung | 1 Std. Ruhen
Pro Stück ca. 40 kcal, 1 g EW, 2 g F, 5 g KH

1 Den Kürbis schälen und fein raspeln. Leicht salzen und ca. 1 Std. ruhen lassen. Die Avocado halbieren, entkernen und schälen, das Fruchtfleisch
mit einer Gabel grob zerdrücken und mit Salz und
1 kräftigen Prise Shishimi Togarashi würzen.

2 ½ Noriblatt auf eine mit Frischhaltefolie umwickelte Sushimatte legen. 75 g Sushireis darauf bis
zum Rand verteilen. Mit 1 EL Sprossen bestreuen.
Noriblatt wenden, ein Viertel der Avocado finger-
breit in einem Streifen von links nach rechts verteilen, ein Viertel der Kürbisraspel daraufstreuen.
Aufrollen und in sechs Stücke schneiden. Noch
drei Rollen ebenso formen, in Stücke schneiden.

GURKEN-URA-MAKI

½ Salatgurke | 2 EL Crème fraîche | 1 TL Se-
samöl | Shishimi Togarashi (siehe S. 59) |
4 halbe Noriblätter | 300 g gekochter Sushireis
(siehe S. 4) | 4 EL Forellen-, Saiblings- oder
Lachskaviar | 16 gegarte geschälte Garnelen (je
10 – 12 g) | 2 TL schwarzer und weißer Sesam
gemischt | Sushimatte | kaltes Essigwasser

Frisch und leicht

Für 24 Stück | 15 Min. Zubereitung
Pro Stück ca. 40 kcal, 3 g EW, 1 g F, 5 g KH

1 Gurke putzen, schälen, längs halbieren, entkernen und mit dem Sparschäler längs in dünne Streifen schneiden, salzen. Crème fraîche mit Sesamöl
und 1 Prise Shishimi Togarashi mischen.

2 75 g Sushireis auf ½ Noriblatt verteilen. Sushimatte mit Folie umwickeln, Noriblatt mit dem
Reis nach unten darauflegen. Mit einem Streifen
Crème fraîche bestreichen, mit 1 EL Kaviar und
4 Garnelen belegen. Aufrollen, mit Sesam bestreuen, in sechs Stücke schneiden und mit Gurke
belegen. Noch drei Rollen ebenso formen.

URA-MAKI MIT ENTENBRUST

125 g Muskatkürbis | Salz | 200 g geräucherte Entenbrust | 2 EL milde Misopaste (siehe S. 58) | 6 EL süße chinesische Pflaumensauce | 2 Frühlingszwiebeln | 300 g gekochter Sushireis (siehe S. 4) | 4 halbe Noriblätter | 2 EL schwarzer und weißer Sesam gemischt | Sushimatte | kaltes Essigwasser

Chinesisch inspiriert

Für 24 Stück | 15 Min. Zubereitung | 1 Std. Ruhen
Pro Stück ca. 50 kcal, 2 g EW, 2 g F, 7 g KH

1 Den Kürbis schälen, fein raspeln und leicht salzen. Die Entenbrust zuerst in dünne Scheiben, dann in 1 cm breite Streifen schneiden. Miso und 2 EL Pflaumensauce verrühren, Frühlingszwiebeln putzen, waschen und in feine Ringe schneiden.

2 Sushireis und Kürbis mischen. ½ Noriblatt auf eine umwickelte Sushimatte legen. 75 g Reis daraufgeben, mit Sesam bestreuen, wenden, mit 1 EL Pflaumensauce bestreichen. Mit Ente und Frühlingszwiebeln belegen. Aufrollen, in sechs Stücke schneiden. Noch drei Rollen genauso formen.

URA-MAKI MIT TOBIKO

200 g Lachsforellenfilet | 1 Stück Salatgurke (ca. 10 cm) | ½ Bund Schnittknoblauch (aus dem Asialaden) | 4 halbe Noriblätter | 300 g gekochter Sushireis (siehe S. 4) | 1 EL schwarzer und weißer Sesam gemischt | 4 EL Wasabi-Tobiko (siehe S. 59) | Sushimatte | kaltes Essigwasser

Cooler Look

Für 24 Stück | 15 Min. Zubereitung
Pro Stück ca. 35 kcal, 2 g EW, 1 g F, 5 g KH

1 Das Fischfilet in ca. 1 ½ cm dicke Streifen schneiden. Gurke schälen, längs in 2 mm dicke Streifen schneiden, dabei entkernen. Schnittknoblauch waschen, trocken tupfen und fein schneiden.

2 ½ Noriblatt auf eine umwickelte Sushimatte legen. 75 g Sushireis darauf bis zum Rand verteilen, mit Schnittlauch und Sesammischung bestreuen. Wenden und 1 EL Wasabi-Tobiko in einem Streifen darauf verteilen. Mit Lachsforelle und Gurke belegen. Aufrollen und in sechs Stücke schneiden. Drei weitere Rollen ebenso formen und schneiden.

URA-MAKI MIT LACHS UND SPARGEL

Japaner kochen gerne nach den Jahreszeiten und erfreuen sich an saisonalen Genüssen.
Diese Ura-Maki passen perfekt in den Frühling!

12 getrocknete Shiitakepilze
300 g Lachsfilet (ohne Haut und Gräten)
8 dünne grüne Spargelstangen oder 16 Thai-Spargelstangen
Salz
½ Bund Schnittknoblauch
ca. 75 g Panko (siehe S. 58), ersatzweise grobe Semmelbrösel
3 EL Rapsöl
3 EL Sojasauce
1 EL Zucker
4 Noriblätter
500 g gekochter Sushireis (siehe S. 4)
Außerdem:
Sushimatte
kaltes Essigwasser

Macht was her

Für 32 Stück | 45 Min. Zubereitung | 12 Std. Einweichen
Pro Stück ca. 70 kcal, 3 g EW, 2 g F, 9 g KH

1 Die Shiitakepilze mit 250 ml Wasser bedecken und mindestens 12 Std. einweichen. Lachsfilet abbrausen, trocken tupfen und der Länge nach in 2 cm dicke Streifen schneiden. Den Spargel putzen, waschen und in Salzwasser 4–6 Min. kochen (Thaispargel ca. 3 Min. kochen). Den Spargel dann abgießen und kalt abschrecken. Den Schnittlauch waschen und trocken schütteln. Panko in einer kleinen Pfanne im Öl unter Rühren knusprig braun rösten, auf einen Teller geben und abkühlen lassen.

2 Die Pilze aus dem Wasser nehmen und mit der Sojasauce und dem Zucker in einen Topf geben. Das Einweichwasser durch ein feines Sieb dazugießen und alles bei schwacher Hitze ca. 30 Min. köcheln. Pilze abkühlen lassen, die Stiele abschneiden und wegwerfen. Die Hüte in Scheiben schneiden.

3 Die Sushimatte mit Frischhaltefolie umwickeln oder in einen Frischhaltebeutel stecken. 1 Noriblatt quer auflegen, 125 g Reis auf dem Noriblatt bis zum Rand verteilen. Mit 1 EL geröstetem Panko bestreuen. Das Noriblatt anheben und mit der Reisseite nach unten auf die Matte legen. Im unteren Drittel des Blattes je ein Viertel von Lachs, Pilzen, Spargel und Schnittlauch anordnen.

4 Ura-Maki mithilfe der Sushimatte aufrollen, dabei etwas fest ziehen. Die Rolle mit 1 EL geröstetem Panko bestreuen. Mit den restlichen Zutaten drei weitere Rollen formen und jede Rolle in acht gleich große Stücke schneiden.

TIPP Superknusprig wird's, wenn Sie die Rollen zuerst durch Tempurateig ziehen (siehe S. 40), kurz abtropfen und dann auf einem Teller in ungerösteten Pankobröseln wälzen. Die Rollen nacheinander in einem Wok oder Topf in heißem Öl knusprig goldbraun ausbacken, der Lachs wird dabei zart rosa gegart. Auf Küchenpapier kurz abtropfen lassen, jede Rolle in acht Stücke schneiden und sofort heiß servieren.

EASY SUSHI

Sushi essen, ja – aber am liebsten ohne großen Aufwand? Dann sind Te-Maki, Oshi und Chirashi genau richtig für Sie! Hier wird das Sushi nämlich ganz easy wie eine Schultüte gerollt oder einfach mal in eine Schüssel geschichtet. Das sorgt für maximalen Geschmack bei minimalem Aufwand!

TE-MAKI CALIFORNIA STYLE

Mit Salat, viel frischem Gemüse und einem Klecks Mayonnaise zeigen diese Sushi,
wie modern und vielfältig der Japanklassiker sein kann.

200 g Muskatkürbis
1 TL Salz
ca. 100 ml Sushi-Essig
(siehe S. 4)
75 g Enokipilze (ersatzweise
Austernpilze)
1 EL Öl
1 TL Sojasauce
1 Avocado
3 TL Limettensaft
100 g Mayonnaise
2 TL Shishimi Togarashi
(siehe S. 59)
1 Bund Rucola oder zarter
Mizuna (ersatzweise
50 g Friséesalat)
500 g gekochter Vollkorn-
Sushireis (siehe S. 5)
oder Sushireis
10 Noriblätter
Außerdem:
kaltes Essigwasser

Vitaminstoß aus der Tüte 🌿

Für 20 Stück |
40 Min. Zubereitung |
2 Std. 30 Min. Marinieren
Pro Stück ca. 120 kcal, 2 g EW,
7 g F, 12 g KH

1 Den Kürbis schälen und raspeln oder zuerst in hauchdünne Scheiben, dann in Streifen schneiden. Salzen und ca. 30 Min. ziehen lassen. Kürbis leicht ausdrücken, mit dem Sushi-Essig vermischen und mind. 2 Std. marinieren.

2 Die Enokipilze in 20 kleine Bündel zupfen, die Enden abschneiden. Das Öl in einer beschichteten Pfanne erhitzen und die Pilze darin bei starker Hitze ca. 2 Min. braten. Mit der Sojasauce ablöschen und auf einen Teller geben.

3 Die Avocado halbieren und den Kern entfernen. Die Avocado schälen und das Fruchtfleisch schräg in dünne Scheiben schneiden. Mit 1 TL Limettensaft beträufeln. Die Mayonnaise mit Shishimi Togarashi und dem restlichen Limettensaft verrühren. Rucola oder Mizuna verlesen, waschen und trocken tupfen.

4 Den Reis mit angefeuchteten Händen in 20 Portionen teilen und zu Bällchen formen. Die Noriblätter quer halbieren, je ½ Blatt mit der rauen Seite nach oben quer in die Hand nehmen. Ein Reisbällchen auf eine Hälfte des Noristreifens legen. Eine erbsengroße Menge Shishimi-Mayonnaise darauf verstreichen. Mit etwas Kürbis, Avocado, Pilzen und Rucola oder Mizuna diagonal belegen. Das Ganze zu einer spitzen Tüte aufrollen, dabei das Ende des Noriblatts mit einem Reiskorn festkleben. Auf diese Weise weitere 19 Te-Maki zubereiten.

TE-MAKI MIT TEMPURA-GEMÜSE

Der japanische Ausbackteig ist einer meiner Lieblinge: Extra dünn, super knusprig und unnachahmlich lecker umhüllt er hier knackiges Gemüse.

ca. 500 g Gemüse (z. B. grüner Spargel, Paprikaschote, Austernpilze, Möhre, Fenchel)
1 Pck. Tempurateig-Mix (150 g)
ca. 1 l Rapsöl zum Frittieren
500 g gekochter Sushireis (siehe S. 4)
10 Noriblätter
2 TL Wasabipaste
1 Schachtel Shisokresse (siehe S. 59)
Außerdem:
kaltes Essigwasser
Sojasauce und Gari (siehe S. 58) zum Servieren

Für Veggie-Fans 🌿

Für 20 Stück |
40 Min. Zubereitung
Pro Stück ca. 130 kcal, 1 g EW, 6 g F, 18 g KH

1 Die Gemüse putzen, waschen und klein schneiden: die Spargelstangen längs halbieren, die Paprikaschoten in ½ cm breite Streifen schneiden. Die Stiele der Austernpilze abschneiden und die Hüte in fingerbreite Stücke zupfen. Die Möhren schälen und längs in 2 mm dicke und 1 cm breite Streifen schneiden, den Fenchel in 5 mm dünne Spalten schneiden. Alle Gemüsestreifen ca. 6 cm lang schneiden.

2 Den Tempurateig-Mix mit ca. 275 ml eiskaltem Wasser (das ist mehr als auf der Packung steht!) mit Essstäbchen nur ganz grob mischen, sodass noch Klümpchen bleiben.

3 Das Öl in einem Topf mit hohem Rand erhitzen, bis von einem Holzstäbchen, das man hineinhält, sofort Bläschen aufsteigen. Die Tempura zügig herstellen. Dazu die Hälfte der Gemüsestücke durch den Teig ziehen und in kleinen Portionen in ca. 2 Min. knusprig goldgelb ausbacken. Auf Küchenpapier entfetten.

4 Den Reis mit angefeuchteten Händen in 20 Portionen teilen und zu Bällchen formen. Die Noriblätter quer halbieren, je ½ Blatt mit der rauen Seite nach oben quer in die Hand nehmen. Ein Reisbällchen auf eine Hälfte des Noristreifens legen. Eine erbsengroße Menge Wasabi darauf verstreichen. Mit etwas Tempura-Gemüse, rohen Gemüsestreifen und Shisokresse diagonal belegen und den Noristreifen dann zu einer Tüte aufrollen. Die Spitze mit einem Reiskorn festkleben. Weitere 19 Te-Maki zubereiten. Die Te-Maki mit Sojasauce und Gari oder dem Daikon-Dip (siehe Klappe hinten) sofort servieren.

TE-MAKI MIT TEMPURA-GARNELEN

20 geschälte Riesengarnelen mit Schwanzsegment (je ca. 20 g) | 2 EL Sojasauce | 1 Bund Koriandergrün | 2 Limetten | 1 Pck. Tempurateig-Mix (150 g) | ca. 1 l Rapsöl zum Frittieren | 500 g gekochter Sushireis (siehe S. 4) | 10 Noriblätter | 1–2 TL Wasabipaste | kaltes Essigwasser | Sojasauce und Gari (siehe S. 58) zum Servieren

Feinstes Fingerfood

Für 20 Stück | 45 Min. Zubereitung
Pro Stück ca. 145 kcal, 5 g EW, 6 g F, 17 g KH

1 Die Garnelen abbrausen, trocken tupfen und in einer Schüssel mit der Sojasauce vermengen. Beiseite stellen. Den Koriander waschen, trocken tupfen und etwas klein zupfen. Die Limetten halbieren und jede Hälfte in fünf Stücke schneiden. Den Tempurateig-Mix mit ca. 275 ml eiskaltem Wasser (das ist mehr als auf der Packung steht!) mit Essstäbchen nur grob mischen, sodass noch Klümpchen im Tempurateig sichtbar sind.

2 Öl in einem Topf erhitzen (siehe S. 40). Die Garnelen durch den Teig ziehen, abtropfen lassen und in drei Portionen in je ca. 2 Min. knusprig goldgelb ausbacken. Auf Küchenpapier entfetten.

3 Den Reis mit angefeuchteten Händen in 20 Portionen teilen und zu Bällchen formen. Die Noriblätter halbieren und je eine Hälfte mit der rauen Seite nach oben quer in die Hand nehmen. Ein Reisbällchen auf eine Seite des Blattes legen. Eine erbsengroße Menge Wasabi darauf verstreichen. Mit etwas Koriander und 1 Garnele belegen, der Garnelenschwanz soll überstehen. Zu einer Spitztüte oder einem Zylinder rollen. Weitere 19 Te-Maki zubereiten und mit Limette, Sojasauce und Gari oder einem Dip (siehe Klappe hinten) servieren.

TE-MAKI MIT KNUSPERHUHN

400 g Hähnchenkeule | Salz | 2 EL Sojasauce |
1 EL Sake | 1 Knoblauchzehe | ca. 500 ml Rapsöl
zum Frittieren | 5 EL Speisestärke |
1 Schachtel Shisokresse (siehe S. 59) |
100 g Mayonnaise | 2 TL Shishimi Togarashi
(siehe S. 59) | 1 EL Limettensaft | 500 g gekoch-
ter Sushireis (siehe S. 4) | 10 Noriblätter |
kaltes Essigwasser

Asia-Klassiker neu verpackt

Für 20 Stück |
45 Min. Zubereitung | 30 Min. Marinieren
Pro Stück ca. 125 kcal, 4 g EW, 7 g F, 12 g KH

1 Die Hähnchenkeule kalt abbrausen und trocken tupfen. Das Fleisch vom Knochen schneiden
und mit oder ohne Haut in ca. 1 cm dicke Streifen
schneiden. Leicht salzen und mit Sojasauce und
Sake in einer Schüssel mischen. Den Knoblauch
anquetschen und dazugeben. Die Hähnchenstreifen zugedeckt ca. 30 Min. marinieren lassen.

2 Öl erhitzen (siehe S. 40). Das Fleisch in der
Stärke wenden und in drei Portionen im heißen Öl
in je ca. 5 Min. ausbacken. Auf Küchenpapier entfetten. Shisokresse abschneiden. Mayonnaise mit
Shishimi Togarashi und Limettensaft verrühren.

3 Den Reis mit angefeuchteten Händen in 20 Portionen teilen und zu Bällchen formen. Die Noriblätter halbieren, je eine Hälfte mit der rauen Seite
nach oben quer in die Hand nehmen. Ein Reisbällchen auf eine Seite des Blattes legen. Den Reis auf
der linken Hälfte verteilen, dabei die Ecken frei lassen, sodass die Form oval bleibt. Mit Mayonnaise
bestreichen, mit Koriander und Hähnchenstreifen
belegen und zu Spitztüten oder Zylindern aufrollen. 19 weitere Te-Maki zubereiten.

SARDINEN-OSHI

Die blau glänzende Fischhaut erinnert ein wenig an Schiffsrümpfe, daher heißen diese Sushi traditionell »Battera«, nach einem kleinen Fischerboot.

300 g Sardinenfilets (küchenfertig)
1 Noriblatt oder 2 EL Noriflocken (siehe S. 58)
1 Stück frischer Ingwer (ca. 4 cm)
1 Bund Schnittknoblauch
1 Limette
400 g gekochter Sushireis (siehe S. 4)
Außerdem:
Oshibako (Pressform für Oshi-Sushi, Innenmaß ca. 18,5 × 5 cm; Ersatz siehe Tipp)
kaltes Essigwasser

Würziges Schichtwerk

Für 12 – 16 Stück |
15 Min. Zubereitung
Bei 16 Stück pro Stück ca. 65 kcal, 5 g EW, 1 g F, 10 g KH

1 Fischfilets abbrausen und trocken tupfen. Falls noch dicke Gräten in den Filets sind, die Filets längs mit einem scharfen Messer aufschneiden und dabei die Gräten herausschneiden (Bild 1). Die kleinen Quergräten kann man mitessen.

2 Den Rahmen der Oshi-Form in kaltes Wasser legen, den Boden mit Frischhaltefolie bespannen (Bild 2). Das Noriblatt in kleine Stücke reißen, den Ingwer schälen und fein reiben. Den Schnittknoblauch waschen, trocken tupfen und fein schneiden, mit dem Ingwer mischen. Die Limette in Spalten schneiden.

3 Den Rahmen abtropfen lassen und auf den Boden der Oshi-Form setzen. 100 g Sushireis darin verteilen. Mit Schnittknoblauch bestreuen. 100 g Sushireis mit feuchten Fingern darauf verteilen und mit Noristücken bestreuen (Bild 3). Die Hälfte der Sardinenfilets mit der Haut nach oben darauflegen. Frischhaltefolie, dann den Deckel auflegen und gleichmäßig fest andrücken.

4 Den Rahmen abziehen, dabei den Deckel mit den Daumen fixieren. Das Sardinen-Oshi in 6 – 8 Stücke schneiden. Zweites Oshi ebenso zubereiten. Mit Limettenspalten anrichten.

TIPP

Es gibt auch Oshi-Formen mit Schlitzen, das erleichtert das Schneiden enorm. Wenn Sie keine Oshi-Form haben, legen Sie eine Plastikdose gleicher Größe mit Frischhaltefolie aus, schichten das Oshi hinein, drücken es mit einem Brettchen fest und stürzen es mithilfe der Folie aus der Form. Mit einem sehr scharfen, feuchten Messer schneiden.

TERIYAKI-OSHI MIT RÄUCHERFORELLE

125 ml Teriyakisauce, fertig gekauft oder selbst gemacht (siehe S. 54) | 300 g Räucherforellenfilets (küchenfertig) | 1 Noriblatt oder 2 EL Noriflocken (siehe S. 58) | 400 g gekochter Sushireis (siehe S. 4) | Oshibako (Pressform für Oshi-Sushi, Innenmaß ca. 18,5 × 5 cm; Ersatz (siehe S. 44) | kaltes Essigwasser

Geht ganz schnell

Für 12 – 16 Stück | 20 Min. Zubereitung |
15 Min. Marinieren
Bei 16 Stück pro Stück ca. 65 kcal, 5 g EW, 1 g F,
11 g KH

1 Die Teriyakisauce in einer Pfanne aufkochen (gekaufte Sauce auf zwei Drittel einkochen). Vom Herd nehmen und die Forellenfilets einlegen. Ca. 15 Min. ziehen lassen, dabei ab und zu mit einem Löffel etwas Sauce über die Filets geben.

2 Den Rahmen der Oshiform in kaltes Wasser legen, Boden und Deckel mit Frischhaltefolie bespannen. Das Noriblatt in kleine Stücke reißen. Den Rahmen abtropfen lassen und auf den Boden der Oshi-Form setzen. 200 g Sushireis in der Form verteilen und mit Nori bestreuen. Die Hälfte der Forellenfilets darauflegen, dabei die Filets so zuschneiden, dass der Reis bedeckt ist. Den Deckel auflegen und gleichmäßig andrücken.

3 Den Deckel abnehmen, mit einem feuchten Messer entlang der Schlitze in der Form schneiden. Deckel wieder auflegen, den Rahmen abziehen, dabei den Deckel mit den Daumen fixieren. Bei Formen ohne Schlitze zuerst den Rahmen abziehen, dann das Sushi in 6 – 8 gleichmäßige Stücke schneiden. Zweites Oshi ebenso zubereiten.

OSHI MIT YAKITORI-HÜHNCHEN

300 g Hähnchenbrustfilet | 3 EL Sake | 5 EL Mi-
rin | 4 EL helle Misopaste (siehe S. 58) |
3 EL Sojasauce | 2 EL Limettensaft |
3 EL Rapsöl | 2 Ume-Boshi (jap. Salzpflaumen) |
150 g Mango | 1 Bund Dill | 400 g gekochter Sus-
hireis (siehe S. 4) | Oshibako (Pressform für
Oshi-Sushi, Innenmaß ca. 18,5 × 5 cm; Ersatz
(siehe S. 44) | kaltes Essigwasser

Süß-würzig

Für 12 – 16 Stück | 30 Min. Zubereitung |
20 Min. Marinieren
Bei 16 Stück pro Stück ca. 110 kcal, 6 g EW, 3 g F,
14 g KH

1 Hähnchen abbrausen, trocken tupfen, längs in
ca. 1 cm dicke Scheiben schneiden. Sake und Mirin
etwas einkochen, vom Herd nehmen. Miso, Sojasauce, Limettensaft und Öl unterrühren. Hähnchen

ca. 20 Min. darin marinieren. Backofengrill vor-
heizen. Hähnchen ca. 6 Min. grillen, dabei einmal
wenden und 2 – 3-mal mit Marinade bepinseln.

2 Die Ume-Boshi entsteinen und hacken. Die
Mango schälen, klein würfeln und mit der Ume-
Boshi mischen. Den Dill waschen, trocken tupfen
und klein zupfen. Die Oshi-Form wässern und bespannen. Den Rahmen abtropfen und auf den Boden der Form setzen. 100 g Sushireis in der Form
verteilen, die Hälfte von Mango und Dill darauf verteilen, dann 100 g Reis daraufgeben. Die Hälfte der
Hähnchenstreifen darauflegen. Den Deckel auflegen und gleichmäßig andrücken.

3 Den Deckel abnehmen, mit einem feuchten
Messer entlang der Schlitze in der Form schneiden.
Deckel auflegen, Rahmen abziehen, dabei den De-
ckel fixieren. Zweites Oshi ebenso zubereiten.

MUSCHEL-CHIRASHI

500 g große Venusmuscheln (ersatzweise Miesmuscheln) | 400 g gekochter Safran-Sushireis (siehe S. 5) oder Sushireis | 1 EL Sojasauce | 1 Bund Rucola oder zarter Mizuna | 1 Limette | Topf oder Wok mit Dämpfeinsatz

Sushi blitzschnell

Für 4 – 6 Personen | 15 Min. Zubereitung
Bei 6 Portionen pro Portion ca. 125 kcal, 4 g EW, 1 g F, 26 g KH

1 Die Muscheln abbrausen, offene oder beschädigte Muscheln aussortieren. Abtropfen lassen, in eine Metallschüssel geben und diese in einen Dämpfeinsatz stellen. Den Topf oder Wok mit einer Handbreit Wasser füllen und dieses bei sehr starker Hitze aufkochen. Den Dämpfeinsatz einsetzen, den Deckel auflegen und die Muscheln 7 – 8 Min. dämpfen, bis sie sich geöffnet haben. Muscheln, die sich beim Dämpfen nicht geöffnet haben, aussortieren. Den Rest aus der Schüssel holen.

2 Den Sushireis auf 4 – 6 Schalen verteilen und die Muscheln darauf anrichten. Den Garfond, der sich in der Schüssel gebildet hat, mit der Sojasauce mischen und auf 4 – 6 Schälchen verteilen. Rucola oder Mizuna waschen und trocken tupfen, die Stiele abschneiden, große Blätter klein zupfen. Die Limette in Spalten schneiden.

3 Das Muschel-Chirashi mit Rucola oder Mizuna und den Limettenspalten anrichten und mit den Dipschälchen servieren.

GROSSES VEGGIE-CHIRASHI

200 g Tofu | 1 japanisches Omelett (siehe
S. 18) | 150 g Möhren | 4 EL Sojasauce |
100 g eingelegter Takuan-Rettich (aus dem
Asialaden) | ½ Salatgurke | 1 Schachtel Shiso-
oder Daikonkresse | 200 g TK-Blattspinat |
2 EL Sesamsamen | 4 EL Speisestärke |
3 EL Rapsöl | 400 g gekochter Vollkorn-Sushi-
reis (siehe S. 5) oder Sushireis | Sushimatte

Bunte Auswahl

Für 4 – 6 Personen | 35 Min. Zubereitung
Bei 6 Portionen pro Portion ca. 380 kcal,
15 g EW, 18 g F, 39 g KH

1 Tofu in acht Streifen schneiden und auf einen
Teller legen. Omelett Streifen schneiden. Möhren
putzen und schälen. Mit dem Gemüsehobel längs
in 1 – 2 mm dünne Scheiben schneiden, diese in
ca. 6 cm lange Stücke schneiden und mit 1 EL Sojasauce marinieren. Rettich quer in dünne Scheiben
schneiden. Gurke schälen, längs vierteln und entkernen. Die Viertel längs dritteln, dann in ca.
6 cm lange Stücke schneiden. Kresse abschneiden.

2 Spinat nach Packungsanweisung kochen, gut
ausdrücken, grob hacken. Sesam rösten, mit
1 EL Sojasauce und dem Spinat mischen. Eine
Sushimatte mit Folie überziehen, den Spinat darauf zu einer Linie legen und mit der Matte zu einer
festen Rolle formen. In sechs Stücke schneiden.

3 Den Tofu mit Küchenpapier abtupfen und in
der Stärke wenden. Das Öl in einer beschichteten
Pfanne erhitzen und den Tofu darin bei starker
Hitze ca. 4 Min. braten. Mit der übrigen Sojasauce
ablöschen, auf einen Teller gleiten und abkühlen
lassen. Sushireis in eine Schale geben, mit allen
Zutaten anrichten und servieren.

FREESTYLE SUSHI

Sushi gibt es nur in Rollen- oder Tütenform? Gar nicht wahr –
immer neue kreative Formen und Varianten zeigen, was alles möglich ist.
Und wenn das Sushi mal flott gekugelt, mal als Würfel oder sogar versteckt
im Tintenfisch daherkommt, wird's garantiert nicht langweilig.

RÄUCHERLACHS-TE-MARI

Te-Mari sind perfekt, um kleine Reste von Fischfilet, Gemüse und Co. von der Sushirollen-Produktion zu verarbeiten. Total easy und superlecker!

150 g Salatgurke
½ Schachtel Shisokresse
(siehe S. 59)
150 g Räucherlachs
300 g gekochter Sushireis
(siehe S. 4)
Außerdem:
kaltes Essigwasser

Tolles aus Resten

Für 12 Stück |
15 Min. Zubereitung
Pro Stück ca. 65 kcal, 3 g EW,
1 g F, 9 g KH

1 Das Gurkenstück schälen und längs vierteln, dabei das weiche Fruchtfleisch mit den Kernen herausschneiden. Die Gurkenviertel längs in je zwei flache Scheiben schneiden und dann klein würfeln. Die Shisokresse abschneiden.

2 Den Räucherlachs zuerst in knapp 1 cm breite Streifen schneiden, dann quer in Quadrate. Die Gurkenwürfel und die Räucherlachsstücke mit dem Sushireis locker mischen (Bild 1).

3 Ein Fingerschälchen kaltes Wasser mit einem Spritzer Reisessig mischen, die Hände darin befeuchten und überschüssiges Wasser wieder abschütteln. Aus dem Reis mit feuchten Händen zwölf gleich große Kugeln (je ca. 45 g) formen (Bild 2).

4 Ein Stück Frischhaltefolie (ca. 20 cm breit) auf der Arbeitsfläche ausbreiten. Eine Reiskugel auf die Folie setzen und wie ein Bonbon einwickeln und sehr fest eindrehen (Bild 3). Eine Seite mit einer Schere aufschneiden. Die Te-Mari-Kugel vorsichtig aus der Folie nehmen. Elf weitere Räucherlachs-Te-Mari ebenso zubereiten. Die Te-Mari mit Shisokresse garnieren.

TIPP Wenn ich feine Reste habe, mache ich manchmal auch superschnelle Maki-Rollen: pro Rolle 125 – 150 g gekochten Sushireis mit ca. 125 g klein gewürfelten oder gehackten Abschnitten von Maki- und Nigiri-Zubereitung mischen (etwa Fisch-, Fleisch- oder Gemüsestücke). Nach Belieben etwas gehackten Koriander oder Frühlingszwiebelringe untermischen und auf einem Noriblatt verteilen. Mithilfe der Sushimatte fest einrollen und in acht Stücke schneiden.

TERIYAKI-TINTENFISCH-SUSHI

2 küchenfertige Kalmar-Tuben (je ca. 150 g) |
200 ml Sojasauce | 40 g brauner Zucker |
100 ml Mirin (siehe S. 58) | 300 – 400 g ge-
kochter Sushireis (siehe S. 4) | schwarzer
Sesam (nach Belieben) | kaltes Essigwasser

Modern und ausgefallen

Für ca. 12 Stück | 15 Min. Zubereitung |
30 Min. Garen
Pro Stück ca. 75 kcal, 3 g EW, 0 g F, 15 g KH

1 Die Spitze der Kalmar-Tuben abschneiden, sodass später beim Füllen die Luft entweichen kann.
Die Kalmare abbrausen und abtropfen lassen.

2 Für die Teriyaki-Marinade die Sojasauce mit Zucker und Mirin auf zwei Drittel (ca. 200 ml) einkochen. Die Kalmare in die Marinade legen und einmal kurz aufkochen. Den Topf vom Herd nehmen
und die Kalmar-Tuben ca. 30 Min. in der Marinade
gar ziehen lassen, dabei ab und zu wenden.

3 Die Kalmar-Tuben aus der Teriyaki-Marinade
nehmen und auf Zimmertemperatur abkühlen lassen. Die Teriyaki-Marinade einmal zum Kochen
bringen, durch ein feines Sieb gießen und für andere Teriyaki-Gerichte verwenden.

4 Beide Kalmar-Tuben mit Sushireis füllen. Dabei
mit angefeuchteten Fingern vorsichtig, aber be-
stimmt drücken, sodass der Reis verdichtet wird,
ohne die Tuben aufzureißen. Die gefüllten Kalmare
auf ein Schneidebrett legen und jeweils in
6 – 8 Scheiben schneiden. Nach Belieben mit
etwas schwarzem Sesam bestreuen.

TE-MARI MIT MISO-MÖHREN

2 – 3 Möhren (ca. 150 g) | 50 g frischer Ingwer | 1 TL milde Misopaste (siehe S. 58) | 1 TL Reisessig | 1 TL Mirin (siehe S. 58) | 250 g gekochter Sushireis (siehe S. 4) | 2 EL schwarzer und weißer Sesam gemischt | 1 EL Noriflocken (siehe S. 58) | kaltes Essigwasser

Ingwerscharf

Für ca. 12 Stück | 15 Min. Zubereitung |
30 Min. Ziehen
Pro Stück ca. 45 kcal, 1 g EW, 1 g F, 9 g KH

1 Möhren und Ingwer schälen und fein reiben. Mit Miso, Reisessig und Mirin mischen und ca. 30 Min. ziehen lassen. In ein feines Sieb schütten und fest auspressen, den Saft dabei auffangen und als Dip dazu servieren. Die Möhren-Ingwer-Mischung und den Sushireis mit Stäbchen locker mischen, sodass der Reis nicht verklumpt.

2 Ein Schälchen kaltes Wasser mit 1 Spritzer Reisessig mischen, die Hände darin befeuchten und das Wasser abschütteln. Aus dem Reis zwölf gleich große Kugeln formen. Jeweils in einem Stück Frischhaltefolie wie ein Bonbon sehr fest eindrehen. Eine Seite mit einer Schere aufschneiden, die Te-Mari-Kugel vorsichtig herausnehmen und mit der Sesammischung bestreuen oder in Noriflocken wälzen. Elf weitere Te-Mari ebenso zubereiten.

TIPP

Für einen raffinierten Matcha-Dip die aufgefangene Marinade mit 2 TL Zucker, ½ TL grünem Teepulver »Bancha Matcha« und 2 EL Sesampaste (Tahin) verrühren. Mit geröstetem Sesam und Frühlingszwiebelringen bestreuen und in Schälchen zu den Te-Mari servieren.

SUSHIWÜRFEL

Supersaftig, unkompliziert und dekorativ – die Idee für diese Würfel stammt aus
New York, wo junge Köche japanische Klassiker entspannt neu erfinden.

½ Mango
½ Schachtel Shisokresse
(siehe S. 59) oder ½ Bund
Koriandergrün
1 Petersilienwurzel (ca. 80 g)
20 gegarte geschälte
Garnelen (je 10 – 12 g)
500 g gekochter Sushireis
(siehe S. 4)
ca. 1 l Rapsöl zum Frittieren
1 Pck. Tempurateig-Mix (150 g)
Salz
1 – 2 TL Wasabipaste
Außerdem:
kaltes Essigwasser

Ausgefallen

Für 20 Stück |
40 Min. Zubereitung
Pro Stück ca. 135 kcal, 3 g EW,
6 g F, 17 g KH

1 Die Mangohälfte schälen, das Fruchtfleisch vom Kern schneiden, längs halbieren und quer in dünne Scheiben schneiden. Shisokresse abschneiden bzw. Koriander waschen, trocken tupfen und klein zupfen. Die Petersilienwurzel putzen, schälen und längs in sehr dünne Scheiben schneiden, zum Beispiel mit einem japanischen Gemüsehobel. Die Scheiben quer in ca. ½ cm breite Streifen schneiden. Garnelen abtropfen. Mit angefeuchteten Händen 20 feste Reiswürfel formen.

2 Das Rapsöl in einem Topf mit hohem Rand erhitzen, bis von einem Holzstäbchen, das man ins Öl hält, sofort Bläschen aufsteigen. Den Tempurateig-Mix mit ca. 275 ml eiskaltem Wasser (das ist mehr als auf der Packung steht!) mit Essstäbchen nur ganz grob mischen, sodass noch Klümpchen bleiben.

3 Die Reiswürfel durch den Teig ziehen und im heißen Öl in 3 – 4 Portionen in ca. 2 Min. goldgelb ausbacken. Auf Küchenpapier entfetten. Die Petersilienwurzelscheiben im heißen Öl in ein paar Sekunden goldbraun backen, mit dem Schaumlöffel herausheben und abtropfen lassen, leicht salzen.

4 Die Reiswürfel auf einer Platte anrichten. Jeden Würfel mit einer erbsengroßen Menge Wasabi bestreichen. Mit Mangoscheiben und Garnelen belegen und mit Petersilienwurzelchips und Shisokresse oder Koriander garnieren.

TIPP Ich habe eine »Rice-cube-Sushiwürfelpresse«, die bei diesem Rezept zum Einsatz kommt. Damit lassen sich schnell ziemlich perfekte Würfel formen.

ZUTATEN VON A–Z

Auf in den Asialaden! Dort finden Sie alle Zutaten, die für die Rezepte benötigt und hier beschrieben werden. Die meisten gibt's inzwischen auch im großen Supermarkt.

GARI
Der süßsauer eingelegte junge Ingwer wird zwischen den verschiedenen Sushihäppchen gegessen, um den Gaumen zu erfrischen. Eine beliebte Variante wird durch etwas Lebensmittelfarbe rosa. Man bekommt Gari im Glas oder in Folie, kann ihn aber auch leicht selbst machen (siehe S. 64).

GOMASIO
Geröstete, zerkleinerte Sesamsamen werden mit Salz im Verhältnis 7:1 gemischt und finden so als Gewürzmischung Anwendung. Gibt's fertig gemischt zu

Gomasio

kaufen, kann man aber auch leicht selbst herstellen. Nicht mitkochen, sondern über das fertige Gericht streuen!

MIRIN
Dieser süße Reiswein wird aus Reis, Hefe und Wasser vergoren und fast ausschließlich zum Kochen verwendet. Neben dem feinen Geschmack verleiht er Gerichten auch einen schönen Glanz. Mirin nach dem Öffnen kühl aufbewaren.

MISOPASTE
Diese salzige Paste besteht vor allem aus vergorenen Sojabohnen und ist in hellen (weißes Miso) und dunklen Varianten (rotes Miso) erhältlich; je dunkler, desto kräftiger der Geschmack. Wichtiger Bestandteil in Dips, Suppen und Saucen sowie in vielen Fleisch-, Fisch und Gemüsegerichten. Sehr fein ist die milde Sorte »Shiro-Miso«.

NORI-ALGENBLÄTTER
Diese Algen werden eigens in Zuchtfarmen in Japan oder

Misopaste

Korea angebaut und nach der Ernte getrocknet, geröstet und in gleich große Rechtecke geschnitten. Damit die Blätter nicht zäh werden, Sushi mit Nori möglichst rasch servieren. Ebenfalls erhältlich: Noriflocken zum Bestreuen.

PANKO
Paniermehl auf asiatische Art! Es wird aus Weißbrot ohne Kruste hergestellt und ist deshalb besonders hell. Durch seine grobe Struktur verleiht Panko Speisen, die damit paniert werden, eine ganz besonders knusprige Hülle.

Panko

REISESSIG
Er ist mit zwei bis vier Prozent Säure besonders mild und wird traditionell zum Säuern von Sushireis eingesetzt. Der Essig gibt dem Sushireis nicht nur einen fein-würzigen Geschmack, er wirkt auch antibakteriell.

SAKE
Der japanische Reiswein eignet sich mit seinen 15 bis 20 Volumenprozent Alkohol ideal als Aperitif, wird in Japan aber auch während des Essens getrunken. Je nach Geschmack kann Sake kalt oder warm serviert werden. Stilecht reicht man Sake in kleinen Bechern, flachen Schalen oder kleinen quadratischen Trinkgefäßen aus Holz (Masu).

SHISHIMI TOGARASHI
Eine scharfe japanische Mischung aus sieben Gewürzen, unter anderem rote Chilis, Orangenschale, Sesamsamen und Ingwer. Toll zum Würzen oder Bestreuen von Suppen, Nudelgerichten oder Reis.

SHISOBLÄTTER UND -KRESSE
Ist auch unter dem Namen »Perilla« bekannt. Die Blätter duften ein bisschen nach Weihnachten und werden wie andere Kräuter, z. B. Basilikum oder Petersilie, verwendet. Leicht scharf und anisartig schmeckt Shisokresse – dabei handelt es sich um die jungen Keimlinge der Pflanze.

Shisoblätter und -kresse

TEMPURA
Dünnflüssiger Teig, in dem Gemüse, Fisch oder Fleisch ausgebacken wird. Ist als Tempuramehl oder Tempurateig-Mix erhältlich und wird mit eiskaltem Wasser angerührt. Das sorgt für einen besonders dünnen und extra knusprigen Teigmantel.

TOBIKO-KAVIAR
Dieser Kaviar stammt von einer Art der fliegenden Fische und zeichnet sich durch seine extrem kleine Korngröße aus. Gibt es auch leuchtend bunt, z.B. mit Wasabi grün gefärbt. Erhältlich in Feinkost- oder Fischläden oder tiefgekühlt im Asialaden.

Tobiko-Kaviar

WASABI
Die empfindliche Wurzel wächst am Rande von japanischen Bergbächen und wird für Sushi auf einer mit Haifischhaut bespannten Reibe zu Mus verarbeitet. In Europa ist es schwer, die frische Wurzel zu bekommen, in der Regel wird Wasabipaste oder Wasabipulver zum Anrühren angeboten. Beim Einkauf auf einen möglichst hohen Anteil an echtem Wasabi achten: 30 Prozent sind gut. Vorsicht, manche Sorten sind einfach nur grün gefärbte Senfmischungen ganz ohne echten Wasabi.

REGISTER

Damit Sie Rezepte mit bestimmten Zutaten noch schneller finden, sind in diesem Register auch beliebte Zutaten wie **Fischfilet** oder **Möhren** alphabetisch eingeordnet und hervorgehoben. Darunter finden Sie das Rezept Ihrer Wahl. Vegetarische Rezepte, die im Buch mit einem 🍃 gekennzeichnet sind, sind hier grün abgesetzt.

A

Avocado
California Roll 26
Gunkan mit Avocado und Kaviar 21
Nigiri mit Avocado 13
Sprossen-Ura-Maki 32
Te-Maki California Style 38

C

Calamari-Nigiri 16
California Roll 26
Chirashi
Großes Veggie-Chirashi 49
Muschel-Chirashi 48

E

Eier
Großes Veggie-Chirashi 49
Tamago-Nigiri 18
Ura-Maki mit gegrilltem Karpfen 30

Entenbrust, geräucherte: Ura-Maki mit Entenbrust 33

F

Fischfilet
Hamachi-Nigiri 12
Hoso-Maki rollen 7
Lachs-Maki 22
Nigiri formen 6
Ura-Maki mit gegrilltem Karpfen 30
Ura-Maki mit Lachs und Spargel 34
Ura-Maki mit Tobiko 33
Futo-Maki mit Tofu und Melone 28

G

Gari (eingelegter Ingwer) 64
Garnelen
California Roll 26
Gurken-Ura-Maki 32
Nigiri mit Garnelen 14
Sushiwürfel 56
Te-Maki mit Tempura-Garnelen 42
Gemüsepickles, Schnelle 64
Gunkan mit Avocado und Kaviar 21
Gunkan mit Räucherfisch 20
Gurken-Ura-Maki 32

H

Hamachi-Nigiri 12
Hoso-Maki rollen 7
Huhn
Oshi mit Yakitori-Hühnchen 47
Te-Maki mit Knusperhuhn 43

I

Ingwer, frischer
Gari (eingelegter Ingwer) 64
Nigiri mit marinierter Makrele 17
Sardinen-Oshi 44
Te-Mari mit Miso-Möhren 55

K

Kalmar
Calamari-Nigiri 16
Teriyaki-Tintenfisch-Sushi 54
Karpfen: Ura-Maki mit gegrilltem Karpfen 30
Kürbis
Sprossen-Ura-Maki 32
Te-Maki California style 38
Ura-Maki mit Entenbrust 33

L

Lachs
Lachs-Maki 22
Ura-Maki mit Lachs und Spargel 34
Lachsforelle: Ura-Maki mit Tobiko 33

M

Maki
Lachs-Maki 22
Spinat-Maki 23
Makrele: Nigiri mit marinierter Makrele 17
Matcha-Dip (Tipp) 55
Melone: Futo-Maki mit Tofu und Melone 28
Möhren
Großes Veggie-Chirashi 49

Te-Maki mit Tempura-
   Gemüse 40
Te-Mari mit Miso-Möhren 55
Veggie-Nigiri 10
Muschel-Chirashi 48

N

Nigiri
   Calamari-Nigiri 16
   Hamachi-Nigiri 12
   Nigiri formen 6
   Nigiri mit Avocado 13
   Nigiri mit Garnelen 14
   Nigiri mit marinierter Makrele 17
   Tamago-Nigiri 18
   Veggie-Nigiri 10

O

Oshi
   Oshi mit Yakitori-Hühnchen 47
   Sardinen-Oshi 44
   Teriyaki-Oshi mit Räucher-
      forelle 46

P

Paprikaschote: Te-Maki mit
   Tempura-Gemüse 40

R

Räucherlachs-Te-Mari 52
Rettich: Großes Veggie-
   Chirashi 49
Rote Bete
   Gunkan mit Räucherfisch 20
   Veggie-Nigiri 10

S

Sardinen-Oshi 44

Schnittknoblauch
   Sardinen-Oshi 44
   Ura-Maki mit Lachs und
      Spargel 34
   Ura-Maki mit Tobiko 33
Sojasprossen, Eingelegte 64
Spargel
   Te-Maki mit Tempura-
      Gemüse 40
   Ura-Maki mit Lachs und
      Spargel 34
Spinat
   Großes Veggie-Chirashi 49
   Spinat-Maki 23
   Te-Maki mit Tempura-
      Gemüse 40
   Ura-Maki mit gegrilltem
      Karpfen 30
Sprossen-Ura-Maki 32
Sushireis kochen 4
Sushiwürfel 56

T

Tamago-Nigiri 18
Te-Maki
   Te-Maki California Style 38
   Te-Maki mit Knusperhuhn 43
   Te-Maki mit Tempura-
      Garnelen 42
   Te-Maki mit Tempura-
      Gemüse 40
Te-Mari
   Räucherlachs-Te-Mari 52
   Te-Mari mit Miso-Möhren 55
Tempura
   Sushiwürfel 56
   Te-Maki mit Tempura-
      Garnelen 42

Te-Maki mit Tempura-
   Gemüse 40
Teriyaki-Oshi mit Räucher-
   forelle 46
Teriyaki-Tintenfisch-Sushi 54
Tofu
   Futo-Maki mit Tofu und
      Melone 28
   Großes Veggie-Chirashi 49

U

Ura-Maki
   Gurken-Ura-Maki 32
   Sprossen-Ura-Maki 32
   Ura-Maki mit Entenbrust 33
   Ura-Maki mit gegrilltem
      Karpfen 30
   Ura-Maki mit Lachs und
      Spargel 34
   Ura-Maki mit Tobiko 33

V

Veggie-Chirashi, großes 49
Veggie-Nigiri 10

© 2014 GRÄFE UND UNZER VERLAG GmbH, München Alle Rechte vorbehalten. Nachdruck, auch auszugsweise, sowie die Verbreitung durch Film, Funk, Fernsehen und Internet, durch fotomechanische Wiedergabe, Tonträger und Datenverarbeitungssysteme jeglicher Art nur mit schriftlicher Genehmigung des Verlages.

Projektleitung: Verena Kordick
Lektorat: Katharina Lisson
Korrektorat: Petra Bachmann
Innen- und Umschlaggestaltung: independent Medien-Design, Horst Moser, München
Herstellung: Sigrid Frank
Satz: Kösel, Krugzell
Reproduktion: Repro Ludwig, Zell am See
Druck und Bindung: Firmengruppe APPL, aprinta druck, Wemding
Syndication: www.seasons.agency

6. Auflage 2018
ISBN 978-3-8338-3967-2
Printed in Germany

 www.facebook.com/gu.verlag

GRÄFE
UND
UNZER

Ein Unternehmen der
GANSKE VERLAGSGRUPPE

Der Autor

Hans Gerlach hat seine Liebe zum Sushi schon entdeckt, als sich viele noch nicht an den rohen Fisch herantrauten. Er ist gelernter Koch und Küchenchef und ist jetzt als Kitchencoach, Autor und Food-Fotograf in München tätig. Einem breiteren Publikum bekannt wurde er durch seine Kolumnen im Magazin der Süddeutschen Zeitung.

Der Fotograf

Wolfgang Schardt kann seine Liebe für Essen und Trinken beruflich ausleben: In seinem Studio in Hamburg fotografiert er vor allem Food, Stills und Interieur für Magazine, Verlage und Werbung. Sein Team bei diesem Buch komplettierten **Roland Geiselmann** (Foodstyling) und **Janet Hesse** (Assistenz).

Bildnachweis

Alle Fotos: Wolfgang Schardt, Hamburg; Autorenfoto: privat

Titelrezept

California Roll (S. 26), Nigiri mit Garnelen (S. 14), Te-Maki mit Tempura-Garnelen (S. 42)

Umwelthinweis:

Dieses Buch ist auf PEFC-zertifiziertem Papier aus nachhaltiger Waldwirtschaft gedruckt.

QUALITÄTS
G|U
GARANTIE

Liebe Leserin, lieber Leser,

haben wir Ihre Erwartungen erfüllt? Sind Sie mit diesem Buch zufrieden? Haben Sie weitere Fragen zu diesem Thema? Wir freuen uns auf Ihre Rückmeldung, auf Lob, Kritik und Anregungen, damit wir für Sie immer besser werden können.

GRÄFE UND UNZER Verlag
Leserservice
Postfach 86 03 13
81630 München
E-Mail:
leserservice@graefe-und-unzer.de

Telefon: 00800 / 72 37 33 33*
Telefax: 00800 / 50 12 05 44*
Mo–Do: 9.00 – 17.00 Uhr
Fr: 9.00 – 16.00 Uhr
(gebührenfrei in D, A, CH)*

Ihr GRÄFE UND UNZER Verlag
Der erste Ratgeberverlag – seit 1722.

Appetit auf mehr?

PIKANT EINGELEGTES

Diese knackig-frischen Häppchen sind eine tolle Ergänzung zu jedem Sushi-Essen.
Sie werden in kleinen Schälchen mit etwas Marinade serviert.

GARI

Für ca. 350 g: 200 g junge Ing-
werwurzel waschen, nicht schälen, die Haut höchstens mit einem Messer- oder Löffelrücken
leicht abschaben. Die Wurzeln
dann in hauchdünne Scheiben
schneiden oder hobeln. Die Ing-
werscheiben kurz mit kochen-
dem Wasser überbrühen und
abtropfen lassen. Mit 1 TL Salz
vermischen und in kleine Gläser
füllen. Für den Sud 75 g Zucker
mit 100 ml Reisessig und
4 EL Wasser in einem Topf aufkochen, über den Ingwer gießen
und die Gläser verschließen.
Mindestens 1 Tag ziehen lassen.
Der eingelegte Ingwer hält im
Kühlschrank mehrere Monate.

SCHNELLE GEMÜSEPICKLES

Für ca. 500 g: 500 g feste Gemüse, z. B. grüne Papaya oder
unreife Mango, Rettich, Möhren
und Pastinaken putzen und
waschen bzw. schälen und in
dünne Scheiben hobeln oder
schneiden. 1 Bund Frühlingszwiebeln putzen und waschen.
Die Frühlingszwiebeln in
2 cm lange Stücke schneiden.
Gemüse und Frühlingszwiebeln
in ein großes Einmachglas
schichten. 1–2 rote Chilischoten waschen und in Ringe
schneiden. Mit 300 ml selbst
gemachtem Sushi-Zu (siehe
S. 4) in einem Topf aufkochen.
Über das Gemüse gießen und
abkühlen lassen. Hält im Kühlschrank mindestens 2 Wochen.

EINGELEGTE SOJASPROSSEN

Für ca. 500 g: Für den Sud
20 g Salz und 1 EL Zucker mit
75 g Reisessig verrühren.
100 g Sojasprossen (oder ge-
mischte Sprossen) waschen,
verlesen und abtropfen lassen.
Nach Belieben 1–2 Chilischoten
waschen und in dünne Ringe
schneiden. Die Sprossen, die
Chili und den Sud in ein großes
Glas mit Schraubdeckel geben
und mit 300 ml Wasser auffül-
len. Das Glas verschließen und
gut schütteln. Die Sprossen
mindestens 1 Std. marinieren.
Im Kühlschrank halten sie sich
ca. 1 Woche.